IMAN DEL DINERO LEY DE ATRACCION

IMAN DEL DINERO LEY DE ATRACCION

INDICE

Comenzamos...

La Ley de la Atracción - Lo que realmente es y lo que no es

Pensamiento objetivo y subjetivo

Detenga los procesos predeterminados que gobiernan su vida

Cambiar su proceso de pensamiento

La Mente Correcta sobre el Dinero

La Manifestación de la Riqueza a través de la Ley de la Atracción

¿Es rico un pobre que piensa positivamente en el dinero?

¿Qué pasa con las loterías y los ingresos inesperados?

Equilibrio entre el "Yo" Interno y el "Yo" Externo

¿Por qué no se hacen ricos todos los que usan la ley de la atracción?

Conclusión

IMAN DEL DINERO LEY DE ATRACCION

Comenzamos...

Con el libro "El Secreto," seguido de la extraordinaria respuesta que ha obtenido, mucha gente está hablando sobre la Ley de la Atracción. El problema es que ni la mitad de estas personas saben de lo que hablan.

La Ley de la Atracción no es un encantamiento o una poción que deseará que todos tus problemas desaparezcan. Hay cosas que hay que hacer si quieres experimentar su riqueza en tu vida.

Este libro trata específicamente con la implementación de la Ley de Atracción en la recaudación de dinero, pero en realidad se trata de todas sus diversas aplicaciones que pueden ayudar a mejorar tu vida.

Libera tu mente de todo este desorden, y ten una buena lectura.

La Ley de la Atracción - Lo que realmente es y lo que no es

Comencemos por entender de qué se trata realmente la Ley de Atracción:

Es algo asombroso ver cuánta charla hay acerca de la Ley de Atracción y cuán poca gente sabe realmente lo que es. La Ley de Atracción no es un hechizo que se usa y las cosas comienzan a suceder de esa manera. No es que digas algo mil veces al día y veas que las cosas suceden de la manera que quieres. Si la Ley de Atracción fuera tan simple, ya habríamos visto al mundo como un lugar mucho mejor.

La gente explica la Ley de Atracción de varias maneras. La definición más común que encontrarás será algo como esto:

"Si crees firmemente que algo debe suceder, ciertamente sucederá."

Una frase no podría ser más simple, pero inmediatamente te darás cuenta de que esto plantea más preguntas que respuestas. La cuestión de los deseos es la más importante. ¿Es sólo lo que deseamos y pensamos fuertemente lo que sucederá?

¿O también sucederán cosas que no deseamos si de alguna manera pensamos fuertemente en ellas? Luego está también la cuestión del conflicto interno de pensamientos. A veces, puede haber situaciones en las que pensamos de la misma manera en ambos sentidos. Por ejemplo, podemos pensar que un trabajo puede ser nuestro o no. Entonces, ¿cómo aplicamos la Ley de Atracción en tal caso? ¿O qué hacemos cuando estamos pensando fuertemente en algo y alguien más está pensando fuertemente en lo contrario? ¿Qué pasará en ese caso?

Para poder responder a todas estas preguntas, es importante entender primero lo que realmente dice la Ley de Atracción.

A pesar de las diversas maneras en que la Ley de Atracción ha sido definida, podemos desglosar las cosas en los siguientes cuatro elementos:

- Debemos saber exactamente lo que queremos.

- Debemos comenzar un proceso de pensamiento para ello, y empezar a pedir a gritos al universo que lo haga realidad.

- Entonces debemos visualizar una situación en la que ya tenemos lo que anhelamos, y debemos vivir en esa realidad.

- Al mismo tiempo, no debemos apegarnos a lo que pueda ocurrir. Sólo debemos pensar en tenerlo. No hay lugar para la detención.

Vamos a exponer varios aspectos de la Ley de Atracción y ver cómo podemos aplicarla en una de las áreas más importantes de nuestras vidas.

Atrayendo dinero. ¿Puede uno realmente hacerse rico con sólo pensar vivazmente en ello?

Necesitamos entender mejor la ley y aprender a aplicarla para obtener estas respuestas.

Pensamiento objetivo y subjetivo

Ya que la Ley de Atracción está tan fuertemente basada en el proceso del pensamiento, primero debemos aprender cuáles son nuestros procesos de pensamiento realmente.

Uno de los pasos principales para entender la Ley de Atracción en mayor medida es entender lo que la palabra "pensamiento" significa realmente. A lo largo de la descripción de esta ley, encontrarás que no se refiere a pensar de la manera en que lo hacemos nosotros. Pensamos que existimos, que estamos en una situación particular, que hay ciertas personas alrededor de nosotros, que hay cosas con las que estamos y así sucesivamente.

Todo lo que vemos se vuelve real para nosotros, y eso se convierte en parte de nuestro pensamiento.

Sin embargo, este no es el tipo de proceso de pensamiento del que habla la Ley de Atracción. Esto se conoce como pensamiento objetivo.

Pero, para ver la implementación de la Ley de Atracción en nuestras vidas, tenemos que evitar primero el concepto de pensamiento objetivo. Tenemos que adoptar un nivel superior de pensamiento, que es el pensamiento subjetivo.

¿Por qué pensamos que nuestro cónyuge es

real? Porque podemos verlo. Pero esto es pensamiento objetivo.

Con el pensamiento subjetivo, las cosas serán al revés. Creemos que nuestro cónyuge es real y por eso lo vemos. Ahora, eso es pensamiento subjetivo.

Tu trabajo no es real. Pero como crees tan concretamente que es real, se convierte en una realidad para ti.

Tus situaciones no son reales. Sin embargo, tu firme creencia de que están sucediendo los hace reales para ti.

Este es el reino del pensamiento subjetivo. Cuando piensas subjetivamente, las cosas son más o menos como si estuvieras viendo un sueño. Cuando vemos un sueño, ¿cómo nos imaginamos a nosotros mismos? ¿Es nuestro yo "soñado" el verdadero nosotros? No, nosotros somos los que estamos "viendo" el sueño. Somos sólo el marco de referencia, la conciencia.

Lo que sea que esté sucediendo en nuestro sueño es nuestra perspectiva. Así es como funciona el pensamiento en el mundo subjetivo.

En este mundo, lo que vemos es en realidad sólo una manifestación de nuestros pensamientos. Eso no significa que esas cosas no sean reales. Lo que eso significa es que esas cosas están presentes en nuestra conciencia. Así como podríamos ser capaces de alterar cosas en nuestros sueños, aplicando la Ley de Atracción, también podríamos alterar cosas en nuestra vida "real".

Detenga los procesos predeterminados que gobiernan su vida

Damos mucha importancia a las cosas que son irrelevantes en nuestras vidas, hasta el punto de que empiezan a gobernar nuestra existencia. Pero hay maneras de evitar que jueguen con nosotros.

En gran medida, permitimos que las cosas y las situaciones nos dominen. Cuántas veces en la vida decimos: "¡Esta situación me sobrepasa! No puedo hacer nada al respecto."?

Hacemos eso a menudo. Cada vez que

hacemos eso, estamos cediendo el control de nuestras vidas a las situaciones que nos están gobernando. No pensamos ni un poquito en la forma en que la Ley de Atracción nos sugiere que hagamos.

¿Y cuál es ese camino?

Dicho de manera muy simple, esa manera es pensar como si domináramos las circunstancias. El hecho es que estas circunstancias están en nuestras manos. Nos corresponde a nosotros crear situaciones propicias para nuestro desarrollo, y no al revés.

Piensa en esto. ¿Hay algún problema financiero que te estorbe? Probablemente ha planeado un esfuerzo pero no puede hacerlo debido a la escasez de fondos. Entonces, ¿a qué te dedicas? La mayoría de la gente pensará que esto no va a ninguna parte y se van a salvar por sí mismos. Pero una persona que realmente cree subjetivamente comprenderá que el problema financiero está en el marco de referencia y no se preocupará demasiado por él. Por otro lado, tal persona tratará de pensar que él o ella podrían hacer que la situación sea propicia.

¿Suena poco práctico? No es tan poco práctico en realidad. Si empiezas a pensar seriamente en tener dinero, ¿qué vas a hacer? La Ley de la Atracción te dice que tienes que "visualizarla" y comportarte como si tuvieras el dinero. En ese caso, tú solicitarás un préstamo probablemente y cuando lo hagas, tendrás mucha confianza porque crees que el dinero será tuyo. Tu confianza funcionará a tu favor porque tus potenciales financistas tendrán la impresión de que tú tienes la capacidad de ganar y devolverles el dinero.

Ellos entienden que tu eres una persona de mérito.

Esto es lo que hacen los creyentes en la Ley de Atracción. Hacen las cosas conducentes a ellos a través de un intenso proceso de pensamiento. Pero su proceso de pensamiento no es de este mundo objetivo. Piensan que son el centro de todo lo que está sucediendo y que pueden tener control total sobre las situaciones a las que se enfrentan.

Cambiar su proceso de pensamiento

Entonces, ¿cómo desarrollas este tipo de proceso de pensamiento, en el que crees que eres el centro del universo y que todo existe en tu marco de referencia?

Para crear el proceso de pensamiento subjetivo que la Ley de Atracción te exige, es muy importante que crees el marco de referencia adecuado.

Tienes que ser como la persona que ve todo en un sueño. Tu realidad percibida es en realidad las cosas que están sucediendo en tu marco de referencia, que es sólo otro nombre para tu conciencia. Pero, necesitas poner un dedo en esta conciencia. Necesitas anclarla. Este aspecto - anclar tu mente consciente - es conocido como el pivote de tu proceso de pensamiento.

Cuando empiezas a girar tu proceso de pensamiento, el requisito principal es tener un punto fijo desde donde puedes empezar. Normalmente, este punto fijo es tu resolución, tu intención, tu motivo, tu propósito. Por ejemplo, si realmente necesitas iniciar un negocio, tu resolución para hacerlo es tu eje. Cuanto más fuerte disponga a lograrlo, más profundo será tu apoyo. Es por eso que las personas que tienen resoluciones más fuertes son capaces de lograr mejores cosas que las personas que no tienen una mentalidad muy fuerte para lograr algo.

Si consideras tu deseo como tu eje y ves todo desde esa perspectiva, todo comienza a encajar en su lugar. Sientes como si todo lo que está sucediendo estuviera sucediendo como una forma de acercarte a tu deseo. En el caso anterior, si tu deseo de iniciar un negocio es tu eje, entonces te sientes como si todo lo que está sucediendo en tu vida te está llevando un paso más cerca de la realización de tus sueños. Esto incluye tanto los aspectos positivos como los negativos. Si de repente conoces a alguien, sientes que de alguna manera eso estará conectado con tu nuevo negocio, el cual aún no ha comenzado, pero no tienes ninguna aprensión en tu mente al respecto. También sientes que el hecho de que te despidieran de tu trabajo de escritorio es algo que te llevará más cerca de tener tu propio negocio.

La gente que cree en la Ley de la Atracción construye incondicionalmente tales ejes en sus mentes. Luego, toda su vida se centra en este eje. Esto es lo que los impulsa y motiva a acercarse a sus objetivos.

La Mente Correcta sobre el Dinero

Estamos aplicando la Ley de Atracción a la riqueza. Lo que es importante aquí es la mentalidad que necesitamos para hacer esta aplicación.

¿Qué nos dice la Ley de Atracción sobre el dinero?

En realidad es muy importante señalar que la Ley de Atracción no se trata sólo de dinero. Es una ley muy general que se puede aplicar a todos los aspectos de nuestras vidas. Es una ley que nos ayuda a enriquecernos como personas, no sólo como entidades financieras. Sin embargo, estamos tratando de ver cómo podemos aplicar la Ley de Atracción en lo que respecta a la atracción de dinero.

Esa es la razón por la que se vuelve vital saber qué tipo de mentalidad debe tener.

Si tratamos de implementar la Ley de Atracción a este concepto, debemos darnos cuenta de que una persona que realmente está tratando de atraer dinero debe pensar en ello todo el tiempo.

Puesto que los pensamientos atraen resultados, esto es lo que debe suceder.

Sin embargo, los pensamientos no deben ser objetivos. ¿Qué son los pensamientos objetivos? Ahora, si tú sólo estás pensando en la cantidad de dólares que ganarás en un proyecto en particular, entonces eso es pensamiento objetivo. Si no puedes pensar más allá de los números, todo lo que haces es pensar objetivamente. Estás pensando cuánto podrías ganar, cuánto podrías ahorrar, etc. Estos son pensamientos objetivos y, si aplicaras la Ley de Atracción, entenderías que estos pensamientos no atraerán el dinero hacia ti.

Por lo tanto, necesitas pensar subjetivamente. No pienses en el dinero en sí, pero piensa en lo que debes hacer para traerte el dinero. Pensar en la calidad de tu producto, por ejemplo, es un buen paso en este sentido.

Cuando haces eso, realmente estás mejorando el potencial de ventas de tu producto y por lo tanto estás trayendo el dinero.

Una persona que cree en la Ley de la Atracción no pensará: "Debo vender este producto porque quiero ganar dinero". En cambio, tal persona pensaría - "Yo debo ser honesto en la fabricación de este producto y darle gran calidad para que yo gane dinero con él".

Una persona que cree en la Ley de Atracción automáticamente se vuelve honesta porque sabe lo que se necesita para obtener el dinero. No creen en las soluciones rápidas, sino en las soluciones a largo plazo. Esta debe ser tu forma de pensar sobre el dinero también - No pienses en cómo traer el dinero; piensa en lo que debes hacer para permitir que el dinero llegue a ti.

La Manifestación de la Riqueza a través de la Ley de la Atracción

Los cinco pasos necesarios para manifestar la riqueza aplicando la Ley.

Aquí están las cinco cosas que necesitas hacer para manifestar la riqueza que esperas a través de la Ley de Atracción.

Cree

El primer paso es arraigar el pensamiento de la riqueza en tu subconsciente. Tienes que pensar con firmeza que serás capaz de alcanzar la gran cantidad de riqueza que estás esperando.

Visualiza

Es muy importante visualizar realmente la riqueza. Tienes que pensar que la riqueza ya está en tu cuenta bancaria y ahora lo que vas a hacer con ella. Empieza a pensar como si estuvieras planeando qué hacer con el dinero. No lo tienes ya, pero ese no es el punto. La Ley de Atracción dice que tienes que ser fuerte en tu creencia, y la visualización es la mejor manera de hacerlo.

Esté agradecido

Tomando tu creencia un paso adelante, debes empezar a agradecerle al universo por haberte concedido la riqueza. Pues bien, no te ha concedido ya la riqueza, pero no tienes ninguna difamación en absoluto acerca de que eso suceda. Tú estás condenadamente seguro de que obtendrás la riqueza y por lo tanto ser agradecido es la siguiente cosa lógica.

Escucha a tu corazón

Tu corazón te dirá muchas cosas en este momento. Te dirá que hagas cosas particulares. No reprimas ninguna de estas "voces". Escúchalos atentamente. Actúa sobre ellos.

Tienes que asegurarte de escuchar cada voz porque cualquiera de ellas podría ser la única voz que te abra las puertas de la oportunidad.

Continúe con sus acciones

Nunca te rindas, nunca te rindas. Recuerda

que detenerse es una señal de debilidad. No quieres que el universo entienda que tu creencia se tambalea. Quieres que sepa que te mantendrás al día pase lo que pase. Tarde o temprano, tu confianza suprema va a traer la riqueza a tu puerta.

¿Es rico un pobre que piensa positivamente en el dinero?

¿Sólo importa el pensamiento? Si los mendigos piensan en caballos, ¿pueden montar?

Esta es una pregunta que molesta a la mayoría de la gente, especialmente a aquellos que oyen hablar de la Ley de Atracción por primera vez. Después de todo, piensan, la Ley de Atracción habla sobre los resultados de los pensamientos que engendran, así que si ellos fueran a pensar fuertemente sobre algo, ¿no deberían darse cuenta de eso? En otras palabras, si alguien no tiene un coche y lo piensa bien, debería ser el propietario del coche, ¿verdad?

Aunque eso suena muy romántico, el problema es que la Ley de Atracción no funciona de esa manera. No se trata de pensar en conseguir. Hay un montón de capas debajo aquí. En primer lugar, la gente que piensa en la Ley de Atracción de esta manera no trae una cosa muy importante a la ecuación - el énfasis del esfuerzo. No obtienes mucho sin canalizar tus pensamientos en acción.

Entendamos esto mejor con un ejemplo. Suponga que tiene la ambición de abrir un restaurante. Ahora mismo, es sólo tu ambición. Sí, lo estás pensando tan fuerte que puedes probarlo, pero eso es todo. ¿Será tu restaurante entonces?

La respuesta es bastante obvia - **No**. La Ley de Atracción no se trata de sentarse con tu bolsa de pochoclos viendo netflix y esperando que tus deseos internos se manifiesten. Tienes que dejar que el pensamiento salga de tu sistema. Tienes que dejarlo salir y convertirte en acción.

Cuando piensas fuertemente en algo, habrá una voz interior que te dirá que actúes de una manera particular. Si está pensando en abrir un restaurante, una pequeña voz dentro de ti te dirá que empieces a buscar buenos lugares. La voz te dirá que aprendas el arte de la gestión hotelera. La voz también te dirá que empieces a reunir fondos. Hay tantas cosas que serán dichas por esta todavía pequeña voz. Lo importante es que lo escuches. Y tienes que actuar en consecuencia.

Es sólo cuando empiezas a traducir estos pensamientos en acciones que serás capaz de hacer algo al respecto.

Así que un mendigo que sólo piensa en un caballo no podrá hacer algo pronto.

Sin embargo, si él piensa cómo debería conseguir el caballo y comenzar a implementar esas ideas, es muy probable que pronto esté en la cima.

¿Qué pasa con las loterías y los ingresos inesperados?

¿Qué tiene que decir la Ley de Atracción sobre las loterías y todos los demás tipos de modos de riqueza de la noche a la mañana?

Una pregunta muy común de la mayoría de las personas es si pueden ganar loterías y tener otros tipos de suerte simplemente por tener una fuerte creencia en ellas, tal como la Ley de la Atracción les haría hacer. Piensan muy firmemente en ganar y, por lo tanto, ¿por qué no iban a ganar? Incluso piensan en ganar todo el tiempo, compran boletos por docenas, así que los ganadores deberían ser ellos, ¿verdad?

El problema es que estas personas están en la premisa correcta, pero no la están implementando de la manera correcta. Entonces, ¿cuál es el camino correcto? ¿Puedes usar la Ley de Atracción para ganar una lotería?

Bueno, para eso, lo primero es pensar correctamente. Tú no debes esperar que un hechizo entre en acción trayendo monedas de oro a tu puerta. Esto no va a pasar. Pero puedes alinear las cosas para que funcionen a tu manera. Piensa positivamente en ganar. Cuando haces eso, las cosas comienzan a suceder automáticamente de una manera que es beneficiosa para ti. Probablemente no te convertirás en millonario de la noche a la mañana, pero tal vez tus fuertes creencias te ayuden a ganar pequeñas cantidades y a estar contento con ellas.

Pero hay maneras en las que puedes ir en contra de la Ley de la Atracción aquí. Si esperas demasiado, está mal. La Ley de Atracción te dice que tengas una fuerte creencia, pero no te dice que esperes un tipo particular de resultado. Simplemente visualiza lo que pasaría si fueras un ganador de una suma en particular, sin embargo, no fuerces al universo a que te conceda esa suma. En la misma línea, si empiezas a ponerte de mal humor si no estás ganando el tipo de ingresos que crees que deberías, estás deshaciendo toda tu creencia positiva. La malhumorada es un signo de incredulidad y por lo tanto es un signo de debilidad.

Las personas que ganan loterías piensan de alguna manera que se merecen la victoria. Si les preguntaras, dirán que visualizaron que ganaron la lotería en algún momento de sus vidas y que la imaginaron tan vívidamente que sintieron que era real.

Intenta eso. Imagínate. Visualiza tu resultado. No te pases de la raya. No esperes demasiado.

Las cosas empezarán a alinearse a tu manera. Pero prepárate para aceptar, sin rencores, lo que se te presente. Será mejor que lo que tienes, si crees en lo correcto.

Equilibrio entre el "Yo" Interno y el "Yo" Externo

Si realmente sigues la Ley de la Atracción, tienes que trabajar para encontrar el equilibrio correcto entre tu interior y tu exterior.

Una de las aplicaciones más significativas de la Ley de Atracción es equilibrar nuestro interior y nuestro exterior. Nuestro ser interior es nuestra conciencia. Es la forma en que pensamos y nos comportamos. Aquí es donde la Ley de Atracción comienza a tener efecto. La Ley de Atracción comienza a manifestarse cuando pensamos y eso comienza en nuestro interior. Nuestro ser exterior se caracteriza por nuestra acción. La manera en que actuamos e implementamos nuestros procesos de pensamiento es cómo funciona nuestro ser externo.

Si tenemos que hacer la mejor utilización de la Ley de Atracción en nuestra vida, entonces es esencial que aprendamos a crear el equilibrio entre nuestro interior y nuestro exterior. Es vital que pongamos en práctica lo que pensamos. Lo que comienza como una manifestación del pensamiento debe convertirse en acción.

Si sólo pensaras y te sentaras a pensar en conseguir una casa nueva, eso no va a suceder. Sí, si tus pensamientos son fuertes, si tu creencia es fuerte, el universo comenzará a alinearse para hacer que las cosas sucedan. Pero ahora, eres tú quien tiene que actuar. Si no levantas un dedo, las cosas no van a pasar. Ahora, tienes que poner tu ser exterior en acción. Es entonces cuando las energías positivas que han sido creadas comienzan a tomar forma y las cosas comienzan a suceder.

El problema con la mayoría de nosotros es que usamos nuestro ser interior para pensar y creer. Decimos tan a menudo que queremos hacer una cosa en particular, pero sólo unos pocos de nosotros realmente ponemos nuestra parte externa en modo de acción.

La Ley de Atracción hará que las cosas sucedan. Pero se limitará a alinear las cosas de una manera particular. El resto es tu decisión. Te dará confianza para hacer ciertas cosas, y eso es lo que influirá en las personas que te rodean y las cosas te sucederán positivamente, pero lo principal para que eso suceda es que tienes que tomar la iniciativa y actuar.

¿Por qué no se hacen ricos todos los que usan la ley de la atracción?

Mucha gente podría pensar en la Ley de Atracción. Pero sólo unos pocos de ellos realmente comienzan a subir los escalones del éxito y realmente se hacen ricos.

¿Por qué no todos los que usan la ley de la atracción se hace rica?

Si has estado siguiendo hasta ahora, te habrás dado cuenta de dos cosas:

La Ley de Atracción es una realidad definida;

todo el mundo la pone en práctica.

Sin embargo, mucha gente no lo usa de la manera correcta.

No se puede refutar la fuerza de la Ley de Atracción para canalizar las energías del universo de tal manera que las cosas puedan comenzar a suceder favorablemente.

Pero el problema es que la Ley de Atracción sólo canalizará estas cosas.

Si no hacemos uso de las energías para lograr lo que estamos ansiando, todo va a ser una causa perdida.

Por ejemplo, si sólo piensas en hacerte rico

pero no haces nada activamente en ese sentido, no hay manera de que te hagas rico. De hecho, incluso si tú ganas a través de una lotería, tienes que hacer el esfuerzo de comprar la lotería y el seguimiento de las ganancias.

La conclusión es clara - la Ley de la Atracción funciona, pero sólo si la pones en práctica. Estas son las cosas que debes hacer secuencialmente:-

Debes creer firmemente que algo en particular sucederá. Tu creencia debe ser fuerte e inquebrantable, tan inquebrantable que nada debe tergiversar tu creencia de ninguna manera.

Entonces tienes que visualizar esta cosa, como si realmente hubiera sucedido contigo y que estás disfrutando de sus frutos.

El siguiente paso será comenzar a actuar sobre tu voz interior. Oirás mucho tu voz interior cuando creas firmemente en algo. Actuar en base a esto es lo que los acercará a la realización de tus ambiciones.

Así que, si estás planeando en hacerte rico a través de la Ley de Atracción, lo importante para ti es creer y luego actuar. Sin ninguno de ellos, nada va a encajar en tu sitio.

Conclusión

La Ley de la Atracción puede hacerte rico. Debes haberla escuchado mucho. Ahora sabes lo que se necesita para llegar allí.

Visita nuestra página de autores en Amazon! ¡Y consigue más MENTES LIBRES!

http://amazon.com/author/menteslibres

Si lo deseas, puedes dejar tu comentario sobre este libro haciendo clic en el siguiente enlace para que podamos seguir creciendo! ¡Muchas gracias por tu compra!

https://www.amazon.com/dp/B082DH21WQ

www.ingramcontent.com/pod-product-compliance
Lightning Source LLC
Chambersburg PA
CBHW070841220526
45466CB00002B/842